TÊTE À TÊTE AVEC MOI-MÊME

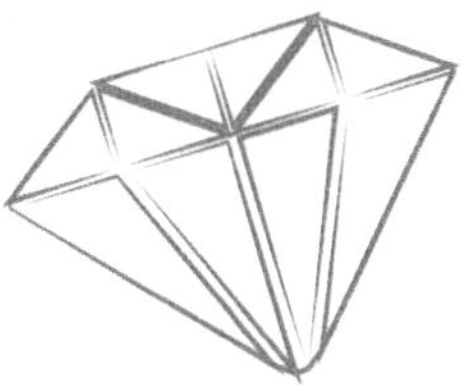

Apprends d'hier
Habite aujourd'hui
Crée demain

Louise Thibault

Préambule

Je te souhaite la bienvenue dans cette bulle d'intimité propice à l'introspection, pour un tête-à-tête authentique avec toi-même.

Ici, tu trouveras une safe place, sans jugement ni pression, où tu peux explorer ta vie, ta personnalité librement et à ton rythme pour une meilleure connaissance de toi-même. Mets-toi à l'aise, prends ta plume et laisse-toi guider au fil des pages pour ce voyage passionnant vers la découverte de tes aspirations profondes.

Ce livre est un cocktail équilibré de questions, de réflexions et d'exercices concrets.
Teste et adopte les outils et techniques éprouvés mises à ta disposition pour révéler tes envies, surmonter tes craintes et réaliser tes rêves.
Prends le temps nécessaire pour analyser ton passé et ton présent afin de façonner ton futur selon tes souhaits.

Souviens-toi, tu es la capitaine de ton existence.

Le mode d'emploi ?

L'unique règle primordiale est l'honnêteté envers toi-même, car c'est à travers cette sincérité que tu trouveras le chemin vers ta vérité et ton accomplissement personnel.
Pour le reste, que tu suives ce guide de la première à la dernière page, ou que tu te laisses porter au gré de tes envies à travers les pages, il n'y a pas de bonne ou mauvaise manière d'entreprendre ce parcours. Lâche prise, donne libre cours à la spontanéité et à l'imprévu. Laisse-toi surprendre.

Souviens-toi, le développement personnel est un voyage, pas une destination. Nous sommes toutes uniques, il n'existe pas de recette miracle, mais une suite d'étapes, de défis et de réussites qui enrichissent ton évolution et ta transformation. Sois indulgente avec toi-même, célèbre chaque petite victoire et savoure chaque instant de cette quête.

Prête pour relever ces défis ?
En avant, chère lectrice ! Un monde de possibilités s'ouvre à toi, embarquons ensemble dans cette aventure passionnante !

let's go

Regarde-toi au-delà des apparences ?

Explorons ensemble ton identité authentique au-delà des apparences et des artifices que nous utilisons pour nous protéger des épreuves de la vie. Même si ces mécanismes de défense peuvent se révéler utiles dans certaines circonstances, il est fondamental de posséder une compréhension profonde de soi afin d'éviter de s'égarer et de rester en accord avec soi.

En répondant avec sincérité à ces questions, tu pourras approfondir davantage ta connaissance de toi-même en réfléchissant à tes goûts, tes ambitions, tes motivations et tes valeurs les plus profondes. Ce processus te permettra de préciser tes objectifs et de clarifier tes motivations, afin de réaliser tes rêves actuels. Cependant, il est important de garder à l'esprit que nous sommes en constante évolution, tout comme nos objectifs et nos rêves.

"Mieux vaut être que paraître, il y a moins de masques à enlever." Jo Coeijmans

Explorons dès maintenant différentes facettes de ta personnalité !

Quelle est ta qualité la plus marquante ?

Ton principal défaut ?

Dans quelles situations ressens-tu de la colère ?

Quelles situations te font rire ?

Quelles situations te stressent ?

Es-tu plutôt :

- [ ] introvertie
- [ ] extravertie
- [ ] patiente
- [ ] impatiente

Te sens-tu à l'aise lorsqu'on te fait des compliments ? Si ce n'est pas le cas, pour quelles raisons ?

As-tu tendance à t'excuser même lorsque tu n'es pas en tort ? ☐ oui ☐ non

Comment trouves-tu ton apparence physique ?

Comment te sens-tu mentalement en ce moment ?

As-tu tendance à avoir régulièrement des pensées d'auto-dévalorisation ? Si oui, sais-tu pourquoi ?

Sorry detox

T'est-il déjà arrivé de t'excuser :

- ☐ D'avoir des ambitions ?
- ☐ D'avoir des émotions ?
- ☐ De la manière dont tu as exprimé tes émotions ?
- ☐ De ne pas savoir faire ?
- ☐ De ne pas suivre le mouvement, une mode ?
- ☐ De dire non ?
- ☐ D'être qui tu es ?
- ☐ D'avoir tes propres opinions ?
- ☐ De penser à toi ?
- ☐ D'être trop sensible ou émotive ?
- ☐ De tes choix professionnels ?
- ☐

L'habitude de s'excuser constamment peut éroder ta confiance en toi, accentuer tes sentiments de culpabilité et réduire ton estime de toi sur le long terme. Observe les situations dans lesquelles tu as tendance à t'excuser et abstiens-toi. Il est important de ne pas transformer les excuses en une habitude obsessionnelle, mais de les exprimer de manière judicieuse afin d'éviter de te dévaloriser.

Qu'est-ce qui te distingue et te rend exceptionnelle ?

Qu'est-ce qui te procure le plus de satisfaction dans la vie ?

Comment occupes-tu ton temps libre ?

À quel moment te sens-tu pleinement vivante ?

Raconte ton plus beau souvenir :

Comment réagis-tu face aux changements ?

- ☐ Les changements ne me déstabilisent pas.
- ☐ Il me faut du temps pour m'adapter.
- ☐ Je vois les changements comme des opportunités.
- ☐ J'ai besoin d'être soutenue.
- ☐ J'éprouve des difficultés à m'adapter.
- ☐ Autres : --

Quels sont tes méthodes/outils pour faire face au stress et aux situations complexes ?

Quelles sont tes plus grandes appréhensions ou craintes ?

Respiration carrée

La technique de la respiration carrée est une méthode à la fois simple et efficace pour atteindre une relaxation profonde. Elle va te permettre de diminuer ton stress, calmer ton mental, améliorer ta concentration et favoriser ton bien-être général.

Elle se pratique en 4 temps :

① Inspire lentement par le nez en comptant jusqu'à quatre.

② Retiens ton souffle en comptant jusqu'à quatre.

③ Expire doucement par la bouche, en comptant jusqu'à quatre.

④ Mets en pause ta respiration en comptant jusqu'à quatre.

Il est essentiel d'aborder chaque phase avec douceur, sans forcer. Si retenir ta respiration pendant quatre secondes est trop difficile, commence par un intervalle plus court et augmente progressivement la durée. De même, si tu trouves que quatre secondes te semble trop facile, tu peux augmenter jusqu'à cinq ou six.

Stop, Fell, Go

Arrête-toi un instant, Respire profondément, Observe tes pensées et sensations… puis reprend tes activités. Cela te permettra de passer d'une réaction instinctive à une action plus consciente. D'un esprit apaisé découlent plus naturellement des actions réfléchies et efficaces.

En quoi ton enfance a influencé la personne que tu es aujourd'hui et ta vie actuelle ? Qu'as-tu décidé de laisser en cours de route ?

Y a-t-il quelque chose dans ton passé que tu aurais aimé faire différemment ? Si oui, lequel :

Quels sont les accomplissements dont tu es la plus fière ?

Dans ton quotidien, qu'est-ce qui te stimule et te donne de l'énergie ?

Et à l'inverse, qu'est-ce qui te freine ou te vide de ton énergie ?

Dans ta vie, te sens-tu libre ? Si ce n'est pas le cas, que pourrais-tu mettre en place pour l'être ?

Mes valeurs

Remplis les pétales de cette fleur
avec les valeurs qui ont de l'importance à tes yeux.

De quelle manière tes valeurs sont-elles visibles dans ta vie quotidienne ? Comment aimerais-tu les intégrer davantage dans ta vie ?

Les enseignements issus de tes expériences de vie

Pour mieux se connaitre, il est essentiel de réfléchir à tous ces moments qui t'ont permis de découvrir différentes facettes de toi-même.

Que ce soit à travers des réussites ou des échecs, dans ta vie personnelle ou professionnelle.

En prenant le temps de s'attarder sur ces moments clés, tu prendras conscience de tes forces, de tes faiblesses, de tes compétences et de tes valeurs.

Cette introspection peut se révéler un atout majeur pour clarifier tes aspirations et afin d'avancer vers tes objectifs de manière plus efficace. En effet, en identifiant ce qui te stimule, ce qui te passionne et ce qui te limite, tu pourras mieux déterminer les étapes à suivre pour réaliser tes aspirations.

" On devient plus fort en prenant conscience de ses faiblesses. " J.P Trudel

Identifie les réussites qui ont contribué à mieux te connaitre ? Quelles capacités ont elles mises en lumière ?

Quels sont les échecs et les erreurs qui t'ont permis de mieux connaitre tes faiblesses et tes limites ? Comment peux-tu faire évoluer ces aspects pour te sentir en accord avec toi-même et réaliser ce que tu souhaites ?

Je suis fière de ce que j'ai accompli

Post-it positif

Je crois en moi

La confiance en soi est un élément clé pour réussir dans la vie. La technique des "Post-it positifs" peut s'avérer être un outil efficace pour booster ta confiance en toi, en utilisant des messages d'encouragement et des affirmations motivantes.

① Choisis des post-it de différentes couleurs et écris des messages positifs sur chacun d'entre eux. Par exemple : "Je suis capable d'accomplir tout ce que je désire", "Je suis forte et déterminée", "Je suis fière de la personne que je suis"...

② Dispose ces post-it dans des endroits où tu les verras régulièrement pour un impact maximal, tels que sur ton miroir, ton bureau, ton frigo, etc.

③ Répète ces affirmations positives régulièrement pour te motiver.

"Lorsque tu sous-estimes ce que tu fais, le monde sous-estimera qui tu es." O. Winfrey

Les autres et toi : tes relations sociales.

Moi & les autres

Chaque relation est unique. Nous possédons tous des modes de réaction, des besoins et des désirs qui nous sont propres. Dans toute relation, il est primordial de trouver un équilibre entre donner et recevoir. Il est crucial de ne pas tolérer des comportements qui te rabaisseraient. Comme nous sommes tous uniques, avec nos propres forces et faiblesses, nos relations peuvent devenir des sources d'enrichissement mutuel. Cependant, pour rester authentique, il est essentiel de trouver un équilibre entre considérer les opinions des autres et exprimer ses propres choix. Nous avons tous déjà reçu des conseils pertinents qui ne nous convenaient pas nécessairement. Par exemple, lors de la rénovation ou de l'aménagement d'une maison, nos besoins varient en fonction de notre contexte familial, professionnel ou personnel. Une pièce libre peut se transformer en bureau pour une personne qui travaille à la maison, en atelier créatif pour les passionnés de loisirs créatifs ou en dressing pour les férus de mode.

Il n'existe pas de solution universelle adaptée à tous, il est important de prendre en compte tes propres besoins et envies pour faire des choix qui te correspondent véritablement.

Avec qui te sens-tu le plus à l'aise pour être toi-même ?

Quelles sont les personnes qui occupent une place particulière dans ta vie ? Qu'est-ce qui fait leur importance ?

Penses-tu que toutes tes relations, qu'elles soient professionnelles ou personnelles, sont saines et bénéfiques pour toi ? Si ce n'est pas le cas, quelles sont les actions que tu envisages pour les améliorer ?

As-tu dit "je t'aime" ou "je t'apprécie" à toutes les personnes que tu désirais ? Si ce n'est pas le cas, à qui aimerais-tu le dire ?

Penses-tu avoir exprimé ta reconnaissance envers les personnes qui t'ont aidé ? Si ce n'est pas le cas, à qui aimerais-tu l'exprimer ?

Es-tu capable d'exprimer tes sentiments et de communiquer ce qui ne te convient pas ? Si oui, quelle manière, quel ton utilises-tu ?

Est-ce que tes objectifs et tes aspirations sont pris en compte par les personnes autour de toi ? Si ce n'est pas le cas, comment et par qui aimerais-tu être soutenu dans ces projets ? As-tu déjà exprimé ce besoin à ces personnes ?

De ton côté, est-ce que tu considères les aspirations des personnes qui t'entourent et leur apportes-tu ton aide ? Si ce n'est pas le cas, avec qui voudrais-tu être différente ?

As-tu l'habitude de te comparer aux autres ? Si oui, est-ce plutôt de manière positive ou négative ?

As-tu remarqué que tu avais tendance à embellir la vie des autres ? Si oui, à quel moment en as-tu pris conscience ?

Les actions d'autrui te poussent elles à te dépasser ou au contraire te bloquent-elles ?

Énumère les personnes qui t'inspirent positivement, que ce soit dans ton cercle personnel, professionnel ou personnalités publiques. Liste les éléments qui te motivent pour chacune d'entre elles.

Fais de même pour les personnes avec qui la comparaison te bloque ou te rabaisse. Liste les éléments qui te bloquent ou te découragent.

Cite les personnes qui t'ont fait découvrir des activités intéressantes ou des passions ? Quelles activités ou passions t'ont-elles fait découvrir ?

Toi, as-tu déjà fait découvrir des activités ou des endroits à d'autres personnes ? Si oui, lesquels ?

Découvre ton " lieu sûr "

Le monde dans lequel nous vivons est souvent chaotique et stressant. Que ce soit les obligations professionnelles, les responsabilités familiales, ou les pressions de la société, il est facile de se sentir débordée et fatiguée.

Le concept du lieu sûr s'articule autour de la création d'un espace personnel qui t'apporte sécurité et confort. C'est un endroit où tu peux t'évader pour te ressourcer mentalement, t'aidant ainsi à surmonter les défis de la vie en retrouvant un sentiment de calme et de sérénité.

Tu peux créer un lieu sûr de trois manières :

▷ Utiliser un endroit réel, familier et agréable : par exemple un coin de nature où tu aimes te ressourcer.

▷ Imaginer un lieu totalement inédit, imaginaire.

▷ Ou bien, combiner les deux.

L'essentiel est que ce lieu te procure un sentiment de sécurité et d'apaisement, te permettant ainsi de te régénérer mentalement.

Voici les étapes pour créer ton "lieu sûr" :

① Commence par identifier ce qui t'apaise et te relaxe.

② Installe-toi dans un endroit calme. Ferme les yeux et observe ta respiration quelques instants. Détends-toi.

③ Visualise un endroit où tu te sens particulièrement à l'aise et paisible. Crée ton endroit idéal, réel, imaginaire ou la combinaison des deux. Il peut être grand ou petit, en intérieur ou en extérieur, bruyant ou silencieux...

④ Explore cet endroit mentalement en détail. Que vois-tu, entends-tu et ressens-tu ? Y a-t-il des couleurs, des textures, des sons ou des odeurs qui te plaisent ? Quels sont les éléments qui inspirent en toi un sentiment de sécurité ?

⑤ Imprègne-toi complètement de cet environnement, en te concentrant sur les sensations positives que tu ressens en toi. Reste dans cet endroit aussi longtemps que tu le souhaites en profitant de la paix et de la sérénité qu'il t'offre.

⑥ Quand tu te sens prête, ouvre les yeux et prend quelques instants pour te reconnecter avec ton environnement.

Maintenant que tu as créé ton lieu sûr, prends régulièrement le temps de t'y projeter. Plus tu t'exploreras cet espace mentalement, plus il te sera facile de t'y retirer lorsque le besoin se fera sentir. En associant un objet particulier à cet endroit, tu forgeras un lien mental qui te connectera aux sensations de sécurité et de réconfort inhérentes à ton lieu sûr. Cet objet symbolique facilitera la connexion aux émotions apaisantes de cet espace, renforçant ta sérénité et ton bien-être, et t'orientant vers un équilibre intérieur plus harmonieux.

L'exploration de ce lieu sûr est un outil intéressant pour réduire ton stress, te ressourcer et te détendre. En y retournant régulièrement mentalement, tu retrouveras ta tranquillité, ton énergie, ton équilibre émotionnel nécessaires pour faire face aux divers défis de la vie.

Décris ce lieu qui t'inspire un sentiment de tranquillité, de sérénité et de protection :

"La paix intérieure commence dès l'instant où vous choisissez de ne pas laisser les autres ou les événements contrôler vos émotions." Bouddha.

La société et toi

Dans notre société, nous sommes souvent incités à respecter un grand nombre de normes sociales auxquelles nous pensons être tenus de nous conformer.

Les femmes peuvent se sentir contraintes par de multiples attentes implicites telles que :

✓ Etre une mère aimante et patiente, pratiquant une éducation bienveillante tout en établissant des limites, en restant disponible et ne laissant jamais transparaitre de signes de fatigue ou d'irritation. Souvent, lorsque l'on décide de ne pas avoir d'enfants, on doit faire face à la question récurrente du "pourquoi ?"

✓ Etre une maitresse de maison compétente, organisée et capable de tout gérer.

✓ Etre indépendante financièrement, ramener sa part et ne devoir rien à personne.

✓ Etre une compagne aimante, attentionnée et féminine, ainsi qu'une maitresse dévouée et épanouie.

À ce rythme, notre vie peut vite devenir une entreprise à gérer, constamment sous pression pour être à la hauteur. Dans ce contexte, il est essentiel de prendre le temps de réfléchir à nos priorités pour ne pas laisser notre vie se réduire à une interminable liste de tâches à accomplir. En prenant cette pause, transforme les "je dois" en "je veux" ou tout simplement abandonne ce qui ne te convient plus. Cela te permettra d'enrichir ta vie de moments choisis, avec moins de contraintes, davantage orientées vers le partage et les expériences positives.

Au cours des dernières années, les réseaux sociaux ont pris une place croissante dans nos vies, ce qui nous pousse souvent à nous dévaloriser en nous focalisant sur ce que les autres ont ou montrent, en oubliant ce que nous possédons. Il est toutefois important de se souvenir que personne ne mène une vie parfaite en permanence. Nous éprouvons tous des moments de bonheur, de joie, mais aussi de tristesse, de colère, de doute, car cela fait partie de la vie.

Quel est l'impact des normes sociales et des attentes de la société sur tes choix et décisions ?

◯ Je suis consciente des normes et attentes sociales, mais je préfère suivre mon propre chemin plutôt que de me conformer aux attentes des autres.

◯ Je suis fortement influencée par les normes et attentes sociales, ce qui affecte mes choix et me pousse à me conformer aux normes en vigueur.

◯ Les normes et attentes sociales ont un impact excessif sur mes choix et décisions. Je ressens souvent la pression de me conformer aux attentes des autres pour être acceptée ou valorisée dans la société, même si cela implique de mettre de côté mes propres désirs et besoins.

Savoir comment ton environnement actuel t'influence te permettra d'identifier les aspects positifs que tu souhaites préserver et ceux qui sont problématiques, afin que tu puisses mettre des choses en place pour améliorer, changer la situation.

Que ressens-tu quand tu ne respectes pas les règles sociales, explicites ou implicites ?

Que ressens-tu quand quelqu'un ne respecte pas les règles sociales, explicites ou implicites ?

T'es t il déjà arrivée de t'habiller d'une certaine manière pour plaire aux autres plutôt que pour ton propre confort ou style ?

○ oui ○ non

Que penses-tu des personnes qui s'habillent dans des styles vestimentaires atypiques ?

Les normes physiques dictées par la société ont-elles un impact positif ou négatif sur la façon dont tu te perçois ? Si oui, décris celles qui sont positives ainsi que celles qui sont négatives.

Ressens-tu une pression à suivre un certain modèle dans tes relations sentimentales ? Si oui, quels sont ces modèles ?

Te sens-tu à l'aise pour partager tes préférences sexuelles ainsi que tes limites ? Si ce n'est pas le cas, qu'aimerais-tu exprimer ?

As-tu choisi ou poursuis-tu une profession pour son prestige social ou pour son potentiel de gains ? Si oui, quel serait ton choix de carrière si tu écartais ces facteurs et pourquoi ?

Te sens-tu en mesure d'exprimer et de défendre tes choix sans craindre la critique d'autrui ? Existent-ils des décisions que tu trouves plus difficiles à défendre que d'autres ? Si c'est le cas, lesquelles ?

As-tu déjà été influencée à acheter les "must-have" que la société met en avant ? Si oui, quels produits te viennent à l'esprit ? Te sens-tu à l'aise avec cette influence ?

As-tu déjà pratiqué à une activité simplement parce qu'elle était à la mode ou parce que tes amis y participaient ? As-tu apprécié ou non cette expérience ?

Nous vivons dans cette société, prendre conscience des influences positives et négatives qui nous entourent nous aide à ajuster nos choix nous permettant ainsi d'être en meilleure harmonie avec nous-mêmes.

L'happycratie: Le dictat du bonheur ?

L'happycratie fait référence à une culture où le bonheur est valorisé, considéré comme un but ultime et où l'absence de bonheur est sujette à stigmatisation. Cette quête constante du bonheur peut devenir oppressante, difficile à atteindre, voire culpabilisante et par conséquent, nous rendre encore plus malheureuse et insatisfaite.

Il est donc essentiel de prendre du recul et de réaliser qu'il est tout à fait naturel de ne pas être constamment heureuse. Le bonheur est une émotion passagère, soumise à des facteurs internes et externes que nous ne pouvons pas toujours contrôler. Nous avons tous des moments où nous éprouvons de la tristesse, de la colère ou de la déception.

Nous devons apprendre à trouver l'équilibre entre la recherche du bonheur et l'acceptation de nos émotions négatives. Tendre vers le bonheur est une quête légitime et naturelle, cependant nous devons être conscients de la pression sociale qui peut nous pousser à poursuivre le bonheur de manière inconditionnelle.

"Ce qu'on obtient en atteignant nos objectifs n'est pas aussi important que ce que l'on devient en les atteignant."

ZIG ZIGLAR

Définis tes objectifs

Prendre le temps de réfléchir à :

- ce que tu souhaites,
- ce qui te motive,

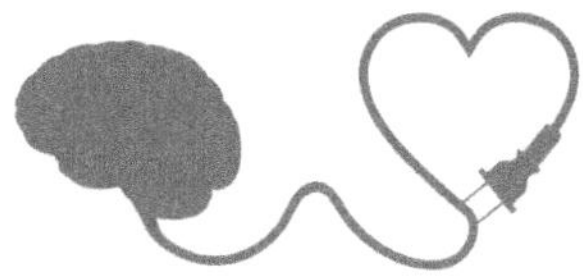

mais également sur :

- ce qui te bloque
- ce que tu ne souhaites pas ou plus,

à la fois dans ta vie personnelle et professionnelle te permettra d'identifier clairement les différentes actions que tu pourras entreprendre pour réaliser tes objectifs et tes rêves actuels et futurs.

Cette démarche te permettra d'avancer avec plus de confiance vers une vie plus épanouissante et qui sera plus en accord avec tes aspirations.

"Ne rêvez pas votre vie, vivez votre rêve."
Mark Twain

Tes 5 principaux objectifs dans la vie :

Qu'est-ce qui te procure un véritable sentiment de joie et d'épanouissement dans ta vie ? Comment pourrais-tu intégrer davantage de ces éléments dans ton quotidien ?

As-tu des rêves que tu as nourris depuis longtemps, mais que tu n'as pas encore concrétisés ? Si oui, quels sont-ils et qu'est-ce qui te retient de les réaliser ?

Quel est le conseil le plus précieux que tu aies jamais reçu ?

Ces derniers temps, quelles ont été tes priorités ? Sont-elles en adéquation avec tes désirs et besoins actuels ?

Existe-t-il des éléments dans ta vie dont tu aimerais te libérer ? Si oui, lesquels ?

Rencontres-tu des obstacles qui entravent la réalisation de tes objectifs ?

Quels moyens peux-tu mettre en place pour dépasser ces obstacles et atteindre tes objectifs ?

As-tu une habitude que tu aimerais abandonner ? Si oui, laquelle ?

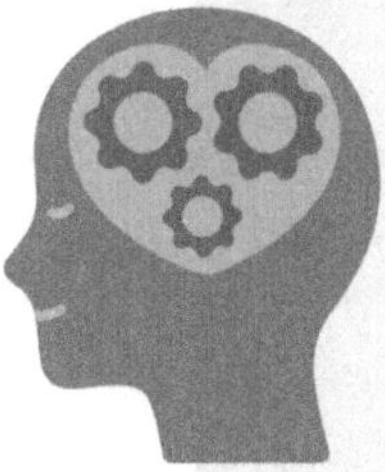

Change tes

PENSÉES

pour changer ton

MONDE.

Pensées limitantes Stop!

Nos projets et notre épanouissement sont souvent entravés par des pensées restrictives.

Ces croyances négatives, que nous avons envers nous-mêmes ou le monde, peuvent inhiber notre développement personnel et nos initiatives. Elles peuvent être le produit de notre enfance, de notre éducation, de notre milieu ou de nos expériences antérieures.

Ces pensées limitantes ont un impact négatif sur notre vie quotidienne de diverses façons :

➢ Elles peuvent nous empêcher de concrétiser nos objectifs et nos rêves, en nous dissuadant de prendre des risques ou de sortir de notre zone de confort.

➢ Elles peuvent nuire à notre estime de soi et à notre confiance en nos capacités, nous poussant à nous dévaloriser ou à nous auto-saboter inconsciemment.

Les pensées limitantes diminuent notre potentiel. En les remplaçant par des pensées positives, nous renforçons notre confiance et ainsi progressons dans notre vie personnelle et professionnelle.

Il est essentiel de les identifier et de les transformer en pensées positives et encourageantes.

Identifier ses pensées limitantes peut être délicat, car elles sont souvent inconscientes et profondément enracinées dans notre mode de pensée.

Voici quelques étapes pour y parvenir :

(1) Sois attentive à tes pensées : observe tes pensées, tes réactions et tes émotions lorsque tu es confrontée à des situations ou des défis. Note ces pensées qui te viennent à l'esprit, en particulier celles qui provoquent en toi de l'anxiété, du découragement ou qui te restreignent.

(2) Analyse tes pensées : Détermine si elles sont récurrentes ? Est-ce qu'elles t'encouragent ou est-ce qu'elles te critiquent et te rabaissent ? Demande-toi si tes pensées sont basées sur des faits ou sur des convictions infondées.
Par exemple, si tu penses que tu n'es pas apte pour telle chose, demande-toi : Ai-je déjà tenté ? Ai-je reçu une formation adéquate ? Ai-je simplement peur de l'échec ?
Détermine les schémas qui se répètent. Questionne la validité de ces pensées en te demandant si elles sont réellement vraies et justifiées.

La transformation de pensées limitantes en pensées positives et stimulantes peut demander du temps et des efforts, mais le jeu en vaut la chandelle. Voici quelques étapes que tu peux suivre pour y parvenir :

① Remplace tes pensées limitantes par des pensées positives et motivantes. Voici quelques exemples :

Je n'ai pas les capacités / le talent pour (...)
Je peux tout apprendre.

Je voudrais le faire, mais (...)
J'ai la détermination de mener à bien mes projets.

Je ne suis pas assez / trop (...) pour le faire.
Je suis parfaitement capable pour accomplir cela.

C'est impossible.
Je suis capable de trouver des solutions et de réussir.

J'ai peur d'échouer.
Je suis courageuse et je donne le meilleur de moi.

Je ne me trouve pas assez jolie.
Je m'accepte comme je suis.

Les autres vont me juger.
Mon regard et mon jugement sont les plus importants.

② Recherche des éléments qui contredisent ces pensées restrictives pour renforcer ta confiance en toi. Par exemple, si tu te sens souvent critiquée, cherche des situations dans lesquelles tu as reçu des compliments, des encouragements.

③ Visualise-toi en train de réussir. Lorsque nous nous visualisons en train de réussir, notre cerveau ne distingue pas une expérience réelle d'une expérience imaginaire. Ainsi, en nous visualisant en train de réussir, notre cerveau interprète cette expérience comme réelle et renforce notre croyance en nos capacités.

④ Entoure-toi, autant que possible, de personnes qui te soutiennent et t'encouragent. Leur soutien et leurs encouragements t'aideront à prendre et garder confiance en toi et ton potentiel.

Transformer ses pensées limitantes en pensées positives et inspirantes nécessite de l'entrainement et de la patience.
Cependant, modifier tes pensées et tes modes de pensée te permettra d'oser accomplir ce que tu désires et ainsi gagner en liberté.

La plupart du temps, ressens-tu de l'enthousiasme et de l'excitation pour la journée qui s'annonce, ou plutôt de la lassitude et une obligation de te lever ?

◯ lassitude ◯ entre-deux ◯ enthousiasme

As-tu une idée claire de la direction vers laquelle tu te diriges et de la raison pour laquelle tu le fais ?

Quels sont les accomplissements que tu souhaites absolument réaliser au cours des cinq prochaines années ?

Si tu disposais d'une année sabbatique rémunérée, quel serais ton programme ?

Si tu mettais de côté toutes tes barrières et peurs, quelles actions audacieuses oserais-tu ?

Te sens-tu pleinement épanouie ? Es-tu satisfaite des décisions que tu as prises jusqu'à présent, tant sur le plan personnel que professionnel ? Si tu estimes que certaines choses doivent être améliorées, dans quels domaines souhaiterais-tu progresser et quels changements envisages-tu pour être plus heureuse et épanouie ?

Exprime tes désirs, tes envies et tes limites

Prends le temps de formuler tous tes désirs, des plus profonds aux plus légers, sans les juger. Cela t'aidera à mettre en lumière ce qui te procure un véritable bien-être et t'évitera de vivre avec des regrets.

Certaines envies seront facilement réalisables, tandis que d'autres, plus complexes, nécessiteront plus de temps et d'efforts. Il est important de consacrer ce temps à leur réalisation, en restant conscient de tes limites. En remplissant ces différentes listes, tu verras probablement émerger de nouvelles idées au fil du temps. N'hésite pas à les noter au fur et à mesure qu'elles apparaissent.

Tu es la seule à pouvoir décider de la façon dont tu veux vivre.

Qu'adores-tu faire ?

Quelles sont ces activités qui te captivent au point de te faire perdre la notion du temps ?

Quelles activités as-tu mises de côté par manque de temps ?

"Rien au monde ne vaut qu'on se détourne de ce qu'on aime." Albert Camus

Wishlist à lire

Titre - auteur	genre

Films, séries à VOIR

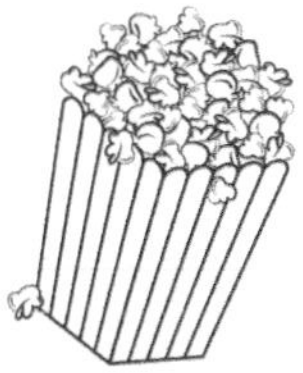

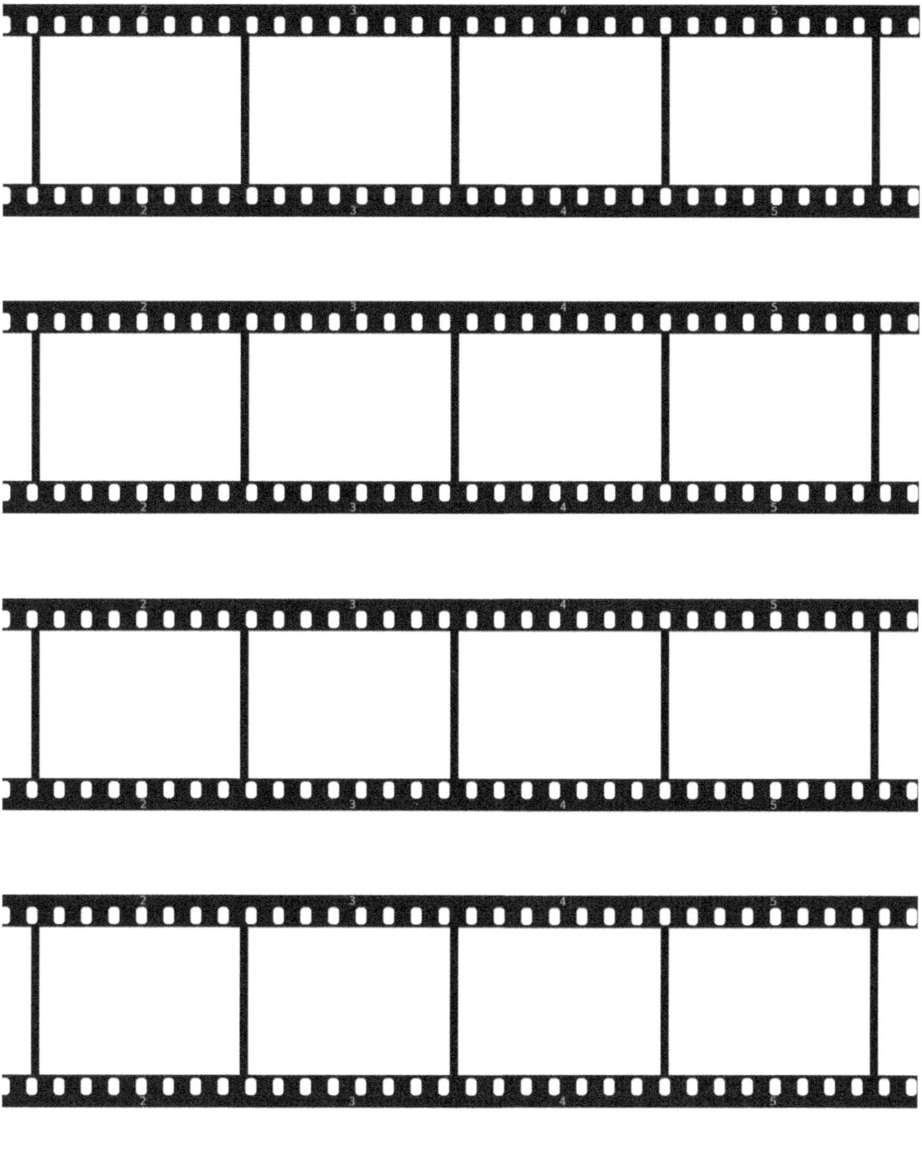

Ces petites choses que j'aime

1

2

3

4

5

6

Mes envies d'évasion

ici et ailleurs

"Tu es le voyageur de ta propre vie."
Gaël Crutzen

À ESSAYER ABSOLUMENT

Ces habitudes qui me font du bien !

CE QUE TU NE VEUX PLUS *plus jamais*

Just Me

Mes indispensables :

Musique / chanson pour :

me motiver :

me réconforter :

accompagner mes blues :

le ménage :

les trajets :

Mon livre pour :

me réconforter :

m'évader :

voyager :

me faire peur :

Ma citation préférée :

Mes indispensables (objets, nourriture...) :

Today Ta journée parfaite

Tout le monde a un agenda à suivre, mais à présent, crée le programme de ta journée parfaite, sans aucune restriction ni contrainte.

Petit dej:

Matinee :

Midi :

Apres-midi :

Diner :

Soiree :

La recette du bonheur:

Un zeste d'humour

Un grain de folie

Une goutte de passion

Un brin de fantaisie

Une dose de fun

Une pincée de tendresse

Mélanger le tout et

laisser mijoter à feu doux.

Découvre et adopte ton propre tempo

Le rythme effréné de la société contemporaine, alimenté par la technologie, nous inonde d'informations et d'exigences sans cesse croissantes, générant une pression constante. Cette situation crée souvent un sentiment de précipitation. Les attentes sociales et professionnelles nous poussent vers une productivité et une connectivité sans cesse accrues. Trouver des instants de calme et de sérénité pour respirer et prendre du recul devient de plus en plus ardu. Maintenir un équilibre dans ton planning est crucial pour ta santé mentale et physique. En prenant conscience de tes besoins et de tes limites, tu pourras définir ton rythme personnel qui te permettra d'accomplir tes tâches journalières sans t'épuiser. Chaque personne est unique. Expérimente et ajuste ton emploi du temps en fonction de ce qui te convient le mieux.

"Chacun a son rythme. En respectant le tien, tu comprendras que tu n'es pas en retard, tu n'es pas en avance, tu es à temps." - Inconnu

Quels sont tes besoins en matière de sommeil pour te sentir bien reposée ? Quand préfères-tu te reposer (heure de coucher, durée du sommeil, sieste) ?

A quel moment de la journée te sens-tu la plus énergique et concentrée ? A l'inverse, quels sont les moments où tu as besoin de plus de tranquillité ?

Quels sont les signes de fatigue ou de surmenage auxquels tu devrais prêter attention ?

Quels facteurs comme par exemple une alimentation équilibrée, un exercice régulier... augmentent ton bien-être physique et mental ?

Quelles sont les pratiques de gestion du temps ou de planification qui te correspondent le mieux ?

« Soyez vous-même, tous les autres sont déjà pris. »

Oscar Wilde

Accorde-toi des moments pour toi

Comprendre qu'accorder du temps à soi-même n'est pas un acte d'égoisme, mais une nécessité pour notre bien-être est crucial. Nous sommes souvent conditionnés à penser que s'occuper de soi est un acte égoiste ou égocentrique. Pourtant, se réserver du temps afin de recharger nos réserves émotionnelles, mentales et physiques, nous rend finalement plus présentes et efficaces dans les différents aspects de notre vie. En prenant soin de nous, nous sommes mieux équipées pour gérer le stress, développer de la compassion et maintenir un équilibre sain entre nos obligations et nos besoins personnels. Reconnaitre sans culpabilité l'importance de ces moments pour soi est donc vital pour notre épanouissement. Cela génère un effet positif qui se reflète également sur notre entourage, nous permettant d'être totalement engagées et ainsi de s'investir de manière plus profonde dans nos relations et nos activités.

"Ce n'est pas égoïste que de penser à soi. C'est juste une question d'équilibre à préserver, pour pouvoir mieux donner aux autres." Alexandre Julien

Te consacres-tu suffisamment de temps ?

Te sens-tu fréquemment épuisée physiquement, mentalement ou émotionnellement ?

◯ jamais ◯ parfois ◯ souvent ◯ toujours

Mets-tu souvent de côté tes besoins et envies pour répondre aux attentes des autres ?

◯ jamais ◯ parfois ◯ souvent ◯ toujours

Ressens-tu du stress ou de l'anxiété de manière récurrente sans prendre le temps de te détendre ?

◯ jamais ◯ parfois ◯ souvent ◯ toujours

Te souviens-tu de la dernière fois où tu t'es accordée du temps simplement pour toi ou pour ton plaisir ? Si oui quand et pour quel moment.

Ressens-tu un déséquilibre entre tes obligations et tes activités de détente ? Si oui, as-tu des idées pour rétablir cet équilibre ?

Reportes-tu régulièrement tes projets personnels et/ou tes envies ? Si oui, lesquels ?

T'accordes-tu suffisamment de temps pour te poser, réfléchir et te recentrer ? Si ce n'est pas le cas, comment pourrais-tu envisager de trouver ce temps?

As-tu tendance à négliger tes besoins corporels tels que le sommeil, une nutrition équilibrée ou l'activité physique ? Si c'est le cas, dans quel domaine devrais-tu être plus vigilant ?

Ressens-tu une culpabilité lorsque tu te consacres du temps ?

- ◯ Absolument pas
- ◯ Un peu, mais je prends du temps pour moi
- ◯ je n'ose pas prendre du temps pour moi

Est-ce que tu rencontres des difficultés à te déconnecter de ton téléphone, ordinateur, des réseaux sociaux...? Si oui, de quoi aimerais-tu te déconnecter ?

Détox numérique

Parfois, nous pouvons ressentir le besoin de faire une pause loin de nos écrans et de la technologie. C'est là que la "détox numérique" entre en jeu. Il s'agit de prendre du temps pour te déconnecter et ainsi redécouvrir le monde qui t'entoure. Alors, es-tu prête à relever le défi de la détox numérique ? C'est parti !

Réponds honnêtement Combien de temps passes-tu devant les écrans ?

---

① Comme toute bonne aventurière, prépare ton challenge.

Fixe une date de départ : ....

Décide comment tu souhaites t'éloigner des écrans :

☐ Stopper les écrans à une certaine heure : ....

☐ Limiter mon temps à un nombre d'heures : ....

☐ Laisser les écrans pendant .... jours.

Fais confiance à ton intuition pour déterminer si tu souhaites avancer par étapes ou faire un changement radical. A toi de décider !

② Pour te faciliter la tâche, tu peux désactiver tes notifications, couper ta connexion Internet, voire même placer ton téléphone dans une autre pièce ou l'éteindre complètement.

③ Maintenant que tu es déconnecté, profite pour observer les détails qui pourraient t'avoir échappé auparavant. Redécouvre le plaisir de flâner sans être distrait par un écran.

④ Cette aventure est l'opportunité idéale pour renouer avec ton toi intérieur. Utilise ce temps disponible pour renouer avec tes passions, en explorer de nouvelles, ou simplement te détendre. Tu pourrais par exemple : méditer, écrire dans un journal ou pratiquer une activité créative qui t'inspire. Laisse libre cours à ton imagination.

⑤ Profite de cette période pour voir les personnes qui t'entourent. Organise une soirée jeux de société, une sortie en plein air ou invite tes amis. Les interactions réelles sont une source inépuisable de joie et de rires.

Comment ton humeur et ton niveau de stress ont-ils évolué durant cette période ?

Quelles activités hors-ligne as-tu découvertes ou redécouvertes ?

Comment a été ta qualité de sommeil ?

Qu'est-ce qui t'a le plus manqué ?

Quelles habitudes voudrais-tu garder ?

Comment cette détox a-t-elle affecté tes relations et interactions sociales ?

Garde à l'esprit que cette aventure est avant tout destinée à ton bien-être, alors n'hésite pas à la personnaliser en fonction de tes désirs et de tes exigences. Savoure chaque moment sans connexion !
N'hésite pas à répéter cette expérience chaque fois que tu en ressens le besoin. L'objectif final est d'établir une relation plus saine et plus équilibrée avec les technologies numériques.

AIE LE

Courage

DE DÉVOILER

les trésors

QUI SONT ENFOUIS

au plus profond de toi

Liberté

Acceptation de soi

L'acceptation de soi est bien plus qu'un slogan, c'est une quête personnelle visant à embrasser toutes les facettes de ton être : tes compétences, tes vulnérabilités, tes triomphes, tes défaites, ton corps et ton esprit.

Il s'agit de se libérer des chaines invisibles, des attentes et des jugements, qu'ils soient imposés par les autres ou par toi-même. L'acceptation de soi libère un potentiel immense vers un chemin de vie plus authentique et épanouissant.

Sois tendre, indulgente et patiente envers toi. Permets-toi de balayer les exigences de perfection. La perfection est-elle une réalité dans ce monde ? Souviens-toi que s'accepter n'est pas renoncer, mais plutôt la fondation solide pour ton épanouissement personnel et ton respect de soi.

C'est un acte de résilience, une déclaration audacieuse de ta propre valeur.

La technique du miroir

C'est une méthode puissante pour renforcer la confiance en soi. Elle repose sur l'idée que nos pensées et paroles influencent directement notre estime de soi et nos croyances internes.

Le principe est simple : chaque jour, face au miroir, affirme haut et fort des affirmations positives sur toi-même.

Prête à t'y mettre ? Suis ces étapes :

Réserve-toi un moment tranquille : Choisis un instant dans ta journée où tu seras au calme.

Respire profondément et vide ton esprit : Mets de côté tout jugement, tout comme la crainte du ridicule.

Regarde-toi : Mets-toi devant un miroir et plonge ton regard dans le tien. C'est ton moment, c'est toi avec toi.

Parle-toi positivement : Lance-toi et à voix haute, exprime des affirmations positives te concernant au présent. Par exemple : "Je suis compétente et capable" ou "Je suis digne d'amour et de respect".

Répète l'exercice : La clé avec cette technique, c'est dans la répétition. Fais-le tous les jours. Tu verras, petit à petit, tu vas intérioriser ces pensées positives et ta confiance en toi se renforcera.

Sois indulgente et patiente avec toi-même : La confiance se construit jour après jour. Si tu as du mal à croire à ce que tu te dis, rappelle-toi que le changement demande du temps. Sois bienveillant avec toi durant ce processus.

Pour réussir, identifie tes pensées négatives et transforme-les en affirmations positives.
Voici quelques exemples :

Je ne peux pas faire ⇨ J'en suis capable d'essayer et de réussir

Je ne mérite pas d'être aimée ⇨ Je suis digne d'amour et de respect

Je suis incapable d'assimiler de nouvelles choses.

On peut toujours apprendre et grandir.

Je ne suis pas jolie Je m'accepte comme je suis et me trouve belle.

Je n'arrive pas à gérer le stress Je maitrise des techniques efficaces pour gérer le stress

Je ne serais jamais heureuse Je mérite le bonheur et me l'accorde.

A toi, trouve tes affirmations positives :

Journaling

Le "journaling", est une pratique d'écriture régulière, généralement quotidienne, afin d'explorer ses pensées, sentiments, expériences ou objectifs.
Cette pratique offre un espace pour l'auto-réflexion qui est reconnue pour ses nombreux bienfaits sur la santé mentale, y compris l'amélioration de l'humeur, de l'estime de soi, la réduction du stress et de l'anxiété, l'augmentation de la clarté mentale, et mettre en perspective les événements de la journée.

Il existe de nombreuses formes de journaling en voici trois :

Le Journal Intime permet d'écrire librement tes pensées, tes sentiments, tes expériences et tes souvenirs de manière intime et personnelle. Il permet de mieux se comprendre et de s'accepter. Il aide également à réduire le stress en te permettant d'exprimer et de libérer tes émotions négatives.

Le journal de gratitude met en lumière ce qui te rend heureuse et t'apporte un bien-être.

Le bullet journal, quant à lui, est un outil qui permet de suivre tes progrès et atteindre tes objectifs. Il combine fonctionnalité et expression créative, offrant un outil d'organisation adaptable qui peut t'aider à gérer ton temps et à maintenir un équilibre entre la vie professionnelle et personnelle. Son aspect créatif offre également des moments de tranquillité et de satisfaction.

En intégrant à ta routine ces moments de réflexion, qui mettent en lumière tes réalisations, reconnaissent tes forces et te permettent de revivre des moments de joie, tu stimuleras et consolideras ton estime de toi et ta confiance, jour après jour.

Etant toutes uniques, je t'invite à les tester, à opter pour celui qui te correspond ou à créer ton propre style de journal en combinant les éléments qui te sont utiles et bénéfiques.
Sens-toi libre de faire évoluer ton journal en fonction de tes besoins et de ta situation.

En écrivant, nous nous découvrons, nous nous comprenons mieux, nous démêlons nos émotions et nos pensées

Libère-toi !

L'écriture spontanée, ou écriture automatique, va te permettre d'exprimer tes émotions et réflexions. En les couchant sur le papier en toute liberté, sans censure ni jugement, tu pourras les clarifier et ainsi prendre du recul afin de mieux les comprendre.
Lance-toi !

↳ Détermine le temps que tu souhaites y consacrer. Il pourrait s'agir de 5 minutes ou plus.

↳ Prends un carnet, une feuille ou un ordinateur et commence à noter tout ce qui te vient à l'esprit : ta journée, tes pensées, tes inquiétudes... Ne te censure pas, ne te soucie pas de la grammaire, de l'orthographe ou du style.

↳ Une fois que tu as terminé, tu peux relire ce que tu as écrit, mais ce n'est pas une obligation.

Crée avec l'écriture spontanée un espace sûr pour explorer tes pensées et tes sentiments, sans jugement ni autocritique et ainsi te libérer.

CONFIDENCE Respect

Dialogue avec toi-même

Voilà un nouvel exercice d'écriture intéressant !
Rédige plusieurs lettres adressées à toi-même à différents moments de ta vie : passé et futur.

Pour ton toi plus jeune : quels conseils ou recommandations voudrais-tu lui transmettre ?
Cela te donnera l'opportunité de prendre conscience de ton évolution personnelle, d'accepter et de comprendre ton passé, voir de te libérer d'éventuelles tensions non résolues. Finalement, cela peut te permettre de voir chaque étape de ta vie, même les plus difficiles, comme des moments essentiels dans ton cheminement.

Pour ton toi du futur : qu'aimerais-tu impérativement qu'elle garde en mémoire et pour quelles raisons ?
Cela te permettra de définir des buts et aspirations pour l'avenir, ce qui peut t'aider à te concentrer sur ce qui est réellement important pour toi. Cette lettre peut devenir une source d'inspiration et de motivation te rappelant où tu espères être dans le futur.

Ce processus est une réflexion profonde sur toi-même et ton parcours de vie.

L'art du lâcher-prise

Le lâcher prise est l'aptitude d'accepter et de se laisser guider par le flux naturel de l'existence. Cela t'offre la possibilité de vivre avec plus de liberté et d'épanouissement.

Mais, cela ne signifie pas être passive. Au contraire, cela implique de comprendre que nous ne détenons pas un contrôle absolu sur notre vie, certaines choses sont tout simplement indépendantes de notre volonté. Cette prise de conscience peut être libératrice, car elle te permet de concentrer ton énergie sur ce que tu peux réellement influencer : tes réactions, tes attitudes...

Ceci t'ouvre aussi à l'inconnu, à accueillir le changement avec curiosité, à favoriser ta confiance en ta capacité à faire face à l'avenir grâce à ta résilience et à tes ressources. C'est une opportunité d'évoluer. Alors, dans ce tourbillon de la vie, n'oublie pas de prendre le temps de respirer, de relâcher les tensions et de lâcher prise.

L'incertitude peut sembler intimidante, mais elle est aussi la porte ouverte à des possibilités infinies.

La liste hors de contrôle

Fais la liste des éléments qui échappent à ta maitrise. Cet exercice t'aidera à ne pas gaspiller ton énergie inutilement et te donnera la possibilité de te concentrer plus sereinement sur ce que tu peux réellement changer.

Méditation guidée

Pratiquer cette méditation t'aidera à accepter les situations hors de notre contrôle en favorisant un sentiment de paix intérieure et une meilleure gestion du stress quotidien.

Installe-toi confortablement dans un endroit calme et ferme les yeux.

Commence par observer ta respiration. Puis inspire lentement et profondément par le nez, en remplissant tes poumons d'air frais. Bloque ta respiration pendant quelques secondes, puis expire doucement par la bouche, en vidant tout l'air de tes poumons. Répète ce cycle plusieurs fois, en te concentrant sur chaque respiration, chaque mouvement de ton corps.

En continuant à respirer profondément, prends conscience de ton corps : son poids, tes sensations, tes points d'appui. Sois totalement présente ici et maintenant. Si une pensée émerge, laisse simplement passer sans la retenir.

À présent, visualise-toi face à une rivière qui s'écoule paisiblement. A tes pieds, se trouve une large feuille verte d'arbre. Prends cette feuille entre tes mains et imagine y déposer ce dont tu veux te libérer : une pensée, une émotion, une situation... Dépose cette feuille sur la rivière et observe-la s'éloigner, emportant avec elle ce que tu veux laisser, porté par le courant de la rivière, loin de toi.

Apprécie le sentiment de tranquillité qui découle de ce lâcher-prise. Ressens comment ton corps et ton esprit se détendent, comment l'énergie circule. Profite de cette sensation de liberté et de paix.

Recentre-toi de nouveau sur ton souffle en respirant profondément et accueille l'idée de laisser les choses se dérouler naturellement. On ne peut pas tout maitriser. Lâcher prise, ce n'est pas abandonner, c'est accepter.

Lorsque tu te sens prête, ramène doucement ton attention à ton environnement, puis ouvre progressivement les yeux. Reprends le cours de ta vie tranquillement.

Laisse tes soucis s'envoler

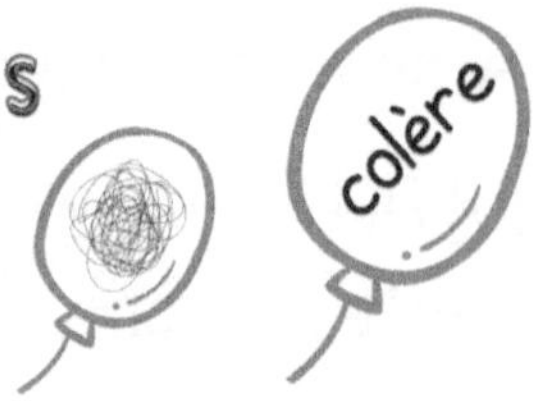

Cette méthode peut être réalisée de deux manières différentes : soit par le biais de la visualisation mentale, soit de manière concrète et physique. Choisis l'approche qui est le plus symbolique pour toi, afin de te permettre de lâcher prise et de te libérer de tes problèmes, inquiétudes ou peurs.

Commence par identifier clairement le problème ou l'inquiétude que tu veux te débarrasser. Cela peut concerner un événement précis, une relation, une déconvenue ou une peur.

Prends un ballon et gonfle-le ou visualise que tu le tiens. Inscris ou remplis ce ballon avec l'un de tes soucis, de tes tracas, ou avec une pensée qui te rend triste ou anxieuse.

Quand tu te sens prête, lâche ce ballon, soit concrètement, soit dans ton imagination, et observe-le s'envoler dans le ciel en emportant ton problème avec lui. Continue de le regarder jusqu'à ce qu'il disparaisse de ta vue.

Quand le ballon a disparu, accorde-toi un instant pour ressentir le soulagement. Dis à voix haute : "J'ai lâché mon problème. Je suis libre maintenant."

L'action, qu'elle soit symbolique ou réelle, de lâcher ce ballon et de regarder son problème s'éloigner contribue à renforcer la confiance en sa propre capacité à surmonter les obstacles et à gérer les situations compliquées. Mettre de la distance avec un problème, qu'il soit résolu ou toujours en cours, permet de prendre du recul et ainsi peut t'amener à voir la situation sous un nouvel angle. Cela pourra t'aider à diminuer le stress et l'inquiétude face à certaines situations.

Avec quels problèmes, situations, peurs... veux-tu prendre de la distance :

Je ne perds JAMAIS

soit je GAGNE,

*soit j'*APPRENDS

NELSON MANDELA

Direction tes objectifs

Comprendre qui tu es signifie connaitre tes valeurs, tes passions et tes peurs, mais aussi définir clairement tes objectifs et instaurer une routine qui soutient ces objectifs. N'oublie pas que tes objectifs doivent te stimuler et non te démoraliser.

La voie vers la réalisation des objectifs est rarement un parcours sans embûche. Il y aura des obstacles et des moments de doute. C'est là que la résilience intervient. Elle est ta faculté à te relever après un échec et à rester déterminée en dépit des obstacles. Cultiver ta résilience te permet de rester sur ton chemin, même lorsque les choses deviennent ardues.

En te connaissant mieux, en définissant des objectifs clairs, en transformant tes peurs en forces, en renforçant ta résilience et en instaurant une routine qui soutient tes objectifs, tu seras bien armée pour accomplir ce que tu désires et naviguer vers la réalisation de tes rêves.
Voici plusieurs outils précieux pour t'accompagner vers la concrétisation de tes objectifs.

GO!

Ton arbre de vie

Dessine un arbre symbolisant ta vie. Les racines incarnent ton passé avec tes expériences, le tronc représente ton présent, tandis que les branches sont tes futurs objectifs.

Cet exercice te permet de mieux voir où tu en es dans ta vie et te donner une vision plus claire de là où tu souhaites te diriger. Prête à saisir tes crayons ?

La méthode SMART

La méthode SMART est un outil qui t'aidera à définir tes objectifs de manière claire et atteignable. Chaque lettre représente une étape clé :

Spécifique : Assure-toi que ton objectif est précis et bien défini. La clarté est le premier pas vers le succès.

Mesurable : Définis des indicateurs qui te permettront de suivre ta progression et de mesurer ton succès.

Atteignable : Ton objectif doit être à ta portée réaliste compte tenu des ressources dont tu disposes. Il doit représenter un défi motivant, mais toujours réalisable.

Réaliste : Ton objectif doit être important et pertinent pour toi. Il doit mériter le temps et les ressources que tu vas lui accorder.

Temporel : Donne à ton objectif une échéance claire. Cela te permettra de mieux planifier tes efforts et de garder le cap.

Vision board

Tout commence par un reve

Sais-tu qu'on retient 80 % de ce qu'on voit ! En réalisant un vision board, tu donnes à ton cerveau l'information que ton objectif est réalisable. Il te permettra de traduire tes objectifs et tes rêves en images et en affirmations visuelles. Il agit également comme un rappel quotidien de tes aspirations.

Voici comment préparer ton Vision Board :

- ◯ Ecris un de tes objectifs sur une feuille de papier. Il peut s'agir de relations, de carrière, de finances, de bien-être personnel ou d'autres aspects de ta vie.

- ◯ Trouve des images, citations... qui correspondent à tes objectifs, que ce soit dans des magazines, sur internet, en dessinant... Ces images doivent représenter ton objectif ou ton rêve et te procurer une sensation positive.

- ◯ Trouve ton support : un grand carton, une affiche, ou même un tableau de liège. L'important est que tu puisses le placer à un endroit où tu le verras régulièrement.

Prête à donner vie à ton Vision Board ?

- Dispose tes images choisies sur ton support à ta guise, façonne-le pour qu'il reflète ta personnalité et tes ambitions. N'hésite pas à le parsemer de mots et de citations inspirantes. Il doit être un concentré de motivation pour toi.

- Positionne-le dans un espace où tu peux le voir tous les jours. Prends un moment chaque jour pour te concentrer dessus et te visualiser en train de réaliser ces objectifs.

Le Vision Board est un outil de motivation, pas une baguette magique. Il est important de prendre des mesures concrètes pour atteindre tes objectifs. Utilise-le comme un rappel et une source d'inspiration pour passer à l'action.

La vie change, tout comme nos rêves et nos objectifs. Garde ton Vision Board à jour pour refléter tes aspirations actuelles. Réévalue ton tableau tous les six mois ou chaque année pour t'assurer qu'il représente toujours ce que tu désires.

L'échelle des objectifs

La méthode de l'échelle des objectifs est un outil efficace qui transforme une vision à long terme en une succession d'actions concrètes et réalisables. Cette approche stimule l'enthousiasme, l'efficacité et le contentement.

Pour mettre en place cette méthode, définis d'abord un objectif à long terme et décompose-le ensuite en différentes phases ou tâches nécessaires pour sa réalisation. Cette stratégie rendra ton objectif moins intimidant et plus atteignable, en structurant efficacement ton temps et tes efforts. En réalisant chaque étape, tu ressentiras une sensation de réussite quotidienne qui contribuera à renforcer ta motivation.

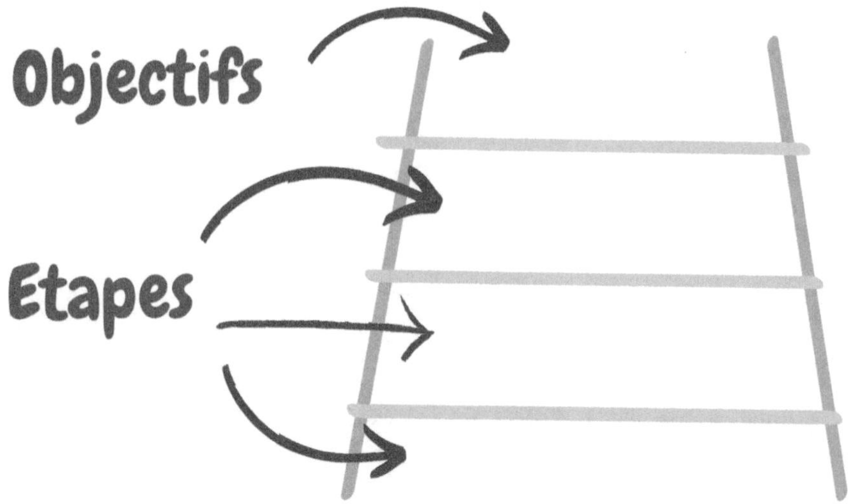

Choisis un de tes objectifs. Décompose-le en plusieurs étapes.

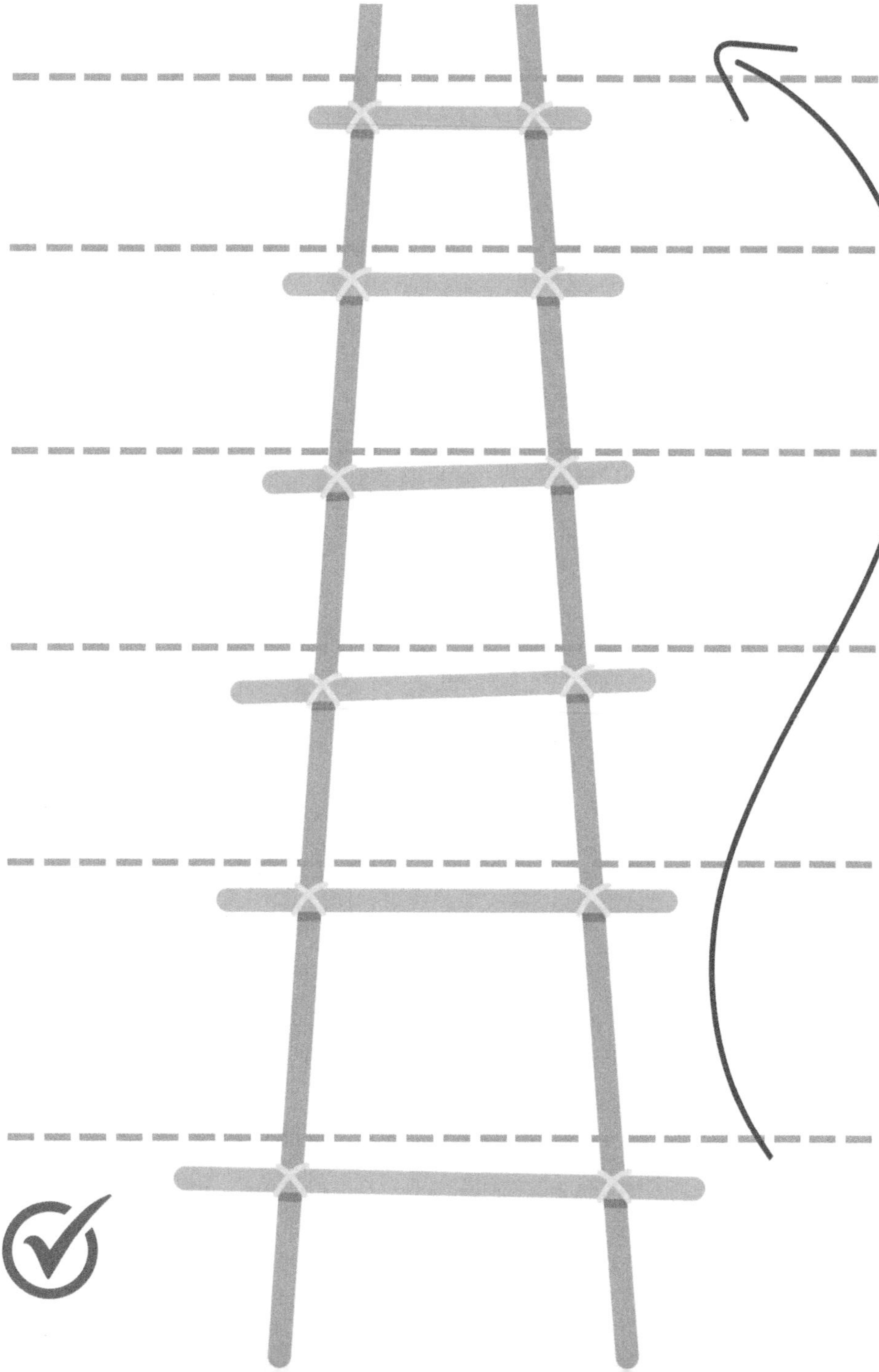

Challenge 21 jours

C'est parti pour une ribambelle de défis amusants et stimulants ! Choisis l'ordre selon ta disponibilité et ton inspiration. Prête pour relever ces challenges ?

go girl

Jour 1

Écris-toi une lettre: que veux-tu garder, changer, tes aspirations ... comme une photo de toi à cet instant.

Jour 2

Dessine-toi en Super héroine

Jour 3

Pour un boost de croissance personnelle: Découvre une nouvelle compétence, apprends quelque chose d'exceptionnel !

Jour 4

Si tes passions étaient des ingrédients Quelle serait ta recette du bonheur ?

Jour 5

TO DO

Crée une carte représentant un de tes objectifs et fait un pas audacieux vers sa réalisation.

Jour 6

C'est l'heure du grand rangement !
Range, trie, organise...
Ça libère l'esprit.

Jour 7

Ce soir, admire la beauté des étoiles

Jour 8

Prépare-toi ton repas plaisir par excellence !

Jour 9

Choisis le prochain rêve que tu es prête à transformer en réalité !

Jour 10

Aère-toi !
Part en balade dans un lieu qui te ressource

Jour 11

Mission sourire transforme chaque instant en une occasion de rire !

Jour 12

“ Résume tes derniers jours en une phrase ou citation. ”

Jour 13

Crée une playlist pour booster ton moral et danse comme si tu étais seule au monde

Jour 14

Immerge-toi dans l'univers de ton film ou série préférée !

Jour 15

Dessine un arbre de connaissances où chaque branche représente une leçon apprise au cours de l'année écoulée.

Jour 16

Plonge-toi dans l'aventure d'un nouveau livre !

Jour 17

Défoule-toi, bouge ton corps, puis prends une feuille et dépose toutes tes frustrations grâce à l'écriture. Expulse le négatif !

Jour 18

Trouve trois instants qui ont éveillé en toi un sentiment de gratitude !

Jour 19

Songe à ce que tu as toujours voulu faire, mais jamais tenté, et aujourd'hui, ose !

Jour 20

Trouve une aptitude ou compétence que tu as mais qui n'est pas souvent mise en lumière !

Jour 21

Chouchoute-toi, et transforme ta journée en un cocon douillet, rempli de petits et grands plaisirs, tout ce qui te fait du bien !

Rêve

comme si tu n'avais rien à perdre.

Crois

comme si tout était possible.

Aime

comme si ton coeur ne connaissait pas de limites.

Vis

comme s'il n'y avait qu'aujourd'hui.

Félicitations

Je tiens à te féliciter d'avoir eu le courage de t'embarquer dans cette aventure qu'est la connaissance de soi.
Ne permets à personne, toi y compris, de te faire douter que tu as le droit d'exister, de t'affirmer, d'avoir des opinions, des émotions, de grandir, d'évoluer.

Dans ce livre, j'ai voulu te transmettre des méthodes afin de rendre les moments délicats ou les grandes transitions de ta vie moins intimidants. De comprendre d'où tu viens, où tu en es et où tu veux aller. Approprie-toi les et n'hésite pas à relire ce guide quand tu en ressens le besoin, car des techniques qui te paraissent moins adaptées aujourd'hui peuvent se révéler profitables demain.
Garde à l'esprit que le changement fait partie de la vie, qu'il soit source de joie ou de défis.

J'espère que cette "boite à outils" t'accompagnera sur ton chemin, pour continuer de grandir et d'évoluer.
Ton voyage ne fait que commencer, crois en toi.

Chère lectrice,

En tant qu'auteure indépendante, je suis impliquée dans chaque étape de la création de mes livres, allant de l'écriture à la publication, en passant par la promotion.

C'est grâce à votre soutien que je peux faire connaitre mes livres à une audience toujours plus grande. Une des manières d'y contribuer est de partager votre ressenti et votre expérience sur la page dédiée à mon livre.

Scan me

Votre avis a une grande importance pour savoir comment mes livres résonnent en vous. Sachez que chaque commentaire est lu et grandement apprécié.
Merci pour votre soutien et j'attends avec impatience de découvrir vos retours.

Rejoins-moi sur Instagram: louisethibaultlivre

Merci Louise T.

Printed in France by Amazon
Brétigny-sur-Orge, FR

14726959R00060